Hannah Rath

HEN TO PAN

Hannah Rath

HEN TO PAN

Textem Verlag
2016

Grußwort / Greeting

Hannah Rath, 1983 in Marburg geboren, die 2010 ihr Kunststudium mit einem Diplom an der Hochschule für bildende Künste in Hamburg abgeschlossen hat, nähert sich in ihren Werken behutsam und stringent den Eigenschaften von Sprache und Text. Hannah Rath experimentiert und dekonstruiert, reiht oder verschiebt einzelne Schriftzeichen und Buchstaben, um sie in ihren Arbeiten in eine neue Dimension zu überführen.

Die vorliegende Publikation ist im Rahmen des Kunststipendiums in der Trittauer Wassermühle 2015/16 entstanden. Die Sparkassen-Kulturstiftung Stormarn unterstützt seit 1992 mit ihrem Jahresstipendium bildende Künstlerinnen und Künstler aus Schleswig-Holstein, Hamburg und Mecklenburg-Vorpommern. Ziel des Stipendiums ist es, den Künstlerinnen und Künstlern die Möglichkeit zu

Hannah Rath, who was born in Marburg in 1983 and graduated in 2010 with a diploma from the University of Fine Arts of Hamburg, is concerned in her artistic practice with the careful and rigorous examination of language and text. She experiments and deconstructs, arranges or offsets individual letters and characters, transferring them into new dimensions in her works.

This publication appears in connection with the Trittauer Wassermühle Art Fellowship of 2015/16. Since 1992 the Sparkassen-Kulturstiftung Stormarn given annual grants to visual artists from Schleswig-Holstein, Hamburg and Mecklenburg-Vorpommern. The grants have the aim of enabling artists to concentrate solely on their artistic work for one year, thus gaining the freedom to develop new ideas. Hannah Rath is the 24th artist to receive such an award.

bieten, sich ein Jahr lang umfassend auf ihre künstlerische Arbeit zu konzentrieren und damit einen besonderen Freiraum für die Entwicklung neuer Ideen zu schaffen. Mit Hannah Rath wurde zum 24. Mal eine Künstlerin durch das Kunststipendium gefördert.

Wir danken der Künstlerin für diese überzeugende Publikation sowie den beiden Autoren für ihre Textbeiträge zum Werk der Künstlerin. Den Lesern wünschen wir viel Freude beim Entdecken der klaren und durchdachten Werke von Hannah Rath.

We thank her for this very convincing publication, and the two authors for their articles on her work. We hope the reader will enjoy discovering Hannah Rath's clear and considered output.

Klaus Plöger

Landrat des Kreises Stormarn
Vorsitzender des Stiftungsvorstandes der Sparkassen-Kulturstiftung Stormarn
/
Stormarn district administrator
Chairman of the Sparkassen-Kulturstiftung Stormarn

Dr. Martin Lüdiger

Vorstandsvorsitzender der Sparkasse Holstein
Stellvertretender Vorsitzender des Stiftungsvorstandes der Sparkassen-Kulturstiftung Stormarn
/
Chairman of the Sparkasse Holstein
Deputy chairman of the Sparkassen-Kulturstiftung Stormarn

Index

1

T HERE
2014 / 15

Ein Projekt von Hannah Rath
mit Tandem Kunsttransporte.
Fünf LKW der Kunstspedition
wurden von Hannah Rath
gestaltet.
Zu dem Projekt ist eine
Postkartenedition erschienen.
/
A project by Hannah Rath
with Tandem Kunsttransporte.
Five small trucks, belonging to
this art-shipping company, were
designed by Hannah Rath.
An edition of postcards
was published in the course
of the project.

2

Die Schrift, ihr Bild, das Objekt und der Raum

Arbeiten von Hannah Rath

Jens Asthoff

3

T HERE, W HERE, IN HERE
2015

Ausstellungsansicht,
Von Wörtern und Räumen,
Galerie im Marstall Ahrensburg.
Lackiertes Glas, Aluminium,
Dimensionen variabel,
11 Objekte, je 12 × 50 × 75 cm.
/
Exhibition view,
Von Wörtern und Räumen,
Galerie im Marstall Ahrensburg.
Varnish, glass, aluminium,
dimensions variable, 11 objects,
each 12 × 50 × 75 cm.

4

mirror images

2015

Serie von 4 Arbeiten. Lackiertes Glas, gebeizter und lackierter Rahmen, je 30 × 45 cm.
/
Sequence of 4 pieces. Varnish, glass, stained and wooden frame, each 30 × 45 cm.

5

IS THIS STILL THE SEA OR IS THIS THE SKY

2015

Ausstellungsansicht, *Bild und Wort*, Walter Stöhrer und Hannah Rath, Schloss Plüschow.
/
Exhibition view, *Bild und Wort*, Walter Stöhrer and Hannah Rath, Schloss Plüschow.

6

double

2016

Installationsansicht, Trittau. 500 × 700 cm, Quarzsand.
/
Installation view, Trittau. 500 × 700 cm, quartz sand.

7
division
2015 / 16

'The division of one rectangle into four results in an extent multiplied by four while the content remains the same; the division of a printed rectangle, however, results in an area multiplied by four while the extent remains the same.'

R. Musil

Steine:
Maße variabel, 40 Steine,
je 3 × 35 × 50 cm,
geprägte Buchstaben,
Beton, Lack.
/
Bricks:
dimensions variable,
40 bricks, each 3 × 35 × 50 cm,
engraved letters,
concrete, varnish.

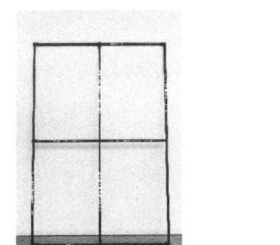

Rahmen:
185 × 120 cm, gebeiztes Holz,
Lack, Pappe, Efalin.
/
Frame:
185 × 120 cm, wood stain,
varnish, cardbord, efalin.

8
DRAW NINE MEN INWARD
2015

Installationsansicht, FBC-Tower, Frankfurt am Main. Folienschrift auf Glas, 55 cm × ca. 2500 cm.
/
Installation view, FBC-Tower, Frankfurt (Main). Plastic film on glass, 55 cm × ca. 2500 cm.

9
4 × Zeichnungen
2015

Tusche auf Papier,
Serie von 4 Zeichnungen,
80 × 70 cm.
/
Indian ink drawing on paper,
sequence of 4 drawings,
80 × 70 cm.

10
times
2015

Werkgruppe aus Aluminium-,
Messing- und Kupferrohren
in unterschiedlichen
Längen und Durchmessern.
Zitate über die Zeit sind in das
Material poliert.
/
Group of works made
of aluminium, copper
and brass tubes of various
radiuses and lenghts.
Citations about time
are inscribed onto the
metal surfaces.

11
Reflexionsraum

Julia Katharina
Thiemann

2

Die Schrift, ihr Bild, das Objekt und der Raum

Arbeiten von Hannah Rath

Jens Asthoff

Zwei Punkte genügen für die Verortung des Objekts. Ein dünnes Kupferrohr, circa zwei Meter lang, steht da aufrecht lehnend an der Wand, ein schlanker, rotmetallischer Schimmer. Als skulpturale Setzung hat das präzise Einfachheit und ist in der Eleganz offensichtlich auch etwas prekär. Am Boden ist der Stab von der Wand ein wenig abgerückt, um Stabilität zu gewährleisten. Und doch: Ein Lehnen widerspricht auf stille, nachdrückliche Art dem Sockelgedanken, ist eben kein skulptural verfestigter Stand, sondern bleibt stets als das bloß aufgehaltene Fallen spürbar. So gesehen gibt es in den Arbeiten von Hannah Raths neuer Werkgruppe *times* auch eine immanente, quasi gehaltene Zeitlichkeit: ein Gestus, der sich auch ins Thema der Arbeiten verlängert.

Die teils unterschiedlich schmalen Röhren – neben Kupfer verwendet Rath auch Aluminium und Messing – sind Träger für Text; man sieht das spätestens auf den zweiten Blick oder beim Näherkommen, da die Buchstaben nicht etwa lackiert oder gestanzt, sondern aufpoliert sind – und damit eher als eine Nuancierung des Metalls erscheinen. Text und Material wirken wie amalgamiert.

Rath hat für die Werkgruppe Zitate verschiedener Schriftsteller und Philosophen zum Thema Zeit ausgewählt und diese in die Stabobjekte eingearbeitet. Die Buchstabenfolgen sind mittels Folienschablonen aufgebracht – dabei ist die Schrift mal positiv, mal negativ gesetzt –, und die jeweils freibleibenden Flächen wurden in mehreren Arbeitsgängen leicht angeschliffen und poliert. Die Setzung unterhält also eine große Nähe zu Material und Oberfläche, und es ist nicht ausgeschlossen, dass die Metalle durch Oxidation im Laufe der Zeit an Terrain zurückgewinnen.

In oben beschriebener Kupferskulptur mit dem Titel *times (L. Wittgenstein II)* (2015) liest man beispielsweise eine Bemerkung Ludwig Wittgensteins aus dessen *Philosophischen Bemerkungen:* „Ist es möglich, die Zeit mit einem Ende zu denken oder mit zwei Enden?" Ein auf den ersten Blick vielleicht simpel erscheinender Gedanke, dessen philosophischen Implikationen jedoch kaum weitreichender sein könnten: Geht es darin doch um die Frage, ob man Zeit von einem Anfang her denken könne, oder, wenn nicht, wie Zeit dann überhaupt zu denken wäre: noch linear? Als Ausbreitung ohne Mittelpunkt? Oder als ewiges Paradoxon? Das Problem wird in der Philosophie seit Jahrhunderten verschieden interpretiert, man denke etwa an Zenons berühmte Pfeilparadoxie oder an Immanuel Kant, der sich in der ersten seiner vier *Antinomien der reinen Vernunft* mit der Frage beschäftigt, ob Zeit einen Anfang habe oder nicht – und die faktische Unlösbarkeit der Frage als notwenige Perspektive der menschlichen Vernunft beschreibt. Auch unter heutigen Vorstellungen einer Raumzeit, die unser alltäglich-kontinuierliches Zeiterleben als Spezialfall erscheinen lassen, bleibt diese Frage virulent.

Doch Rath betreibt hier nicht etwa Philosophie, sondern bewegt sich klar auf dem Terrain der Kunst; sie übersetzt Sprachbilder (die per se stets auch auf der Begriffsebene agieren) in räumlich-plastische Gestalt. Das zentrale Medium und, formell gesprochen, auch das Material ihrer Arbeit, ist dabei die Schrift. Das betrifft nicht etwa nur die Werkgruppe *times*, sondern gilt für ihre Arbeit insgesamt. Diese Umsetzung kann dann sehr unterschiedlich ausfallen, bisher reicht das von Wandmalerei und Glasbildern über Objekte und Zeichnungen bis hin zu Skulpturen und ortsspezifischen Installationen. Für Rath ist dabei vor allem jene bloß scheinbar schlichte Einsicht leitend, dass Schrift Verräumlichung von Sprache sei und dass diese parallel zum diskursiven Modus von Lektüre stets auch zum intuitiven des Bildes hin geöffnet ist. Im Kunstkontext hat das Vorläufer insbesondere in Gattungen wie Konstruktivismus oder Concept Art, reicht aber auch ins literarische Feld, etwa zu Konkreter Poesie oder literarisch-visuellen Experimenten wie die eines Stéphane Mallarmé in seinem berühmtem *Coup de Dés* von 1897. Das bündelt sich für Rath zum Kerngedanken ihrer Arbeit, stets geht es darin um ein ästhetisch spannungsreiches Ausloten von Text und Schrift im Verhältnis zum Raum.

Arbeiten der Reihe *times* sind überwiegend mehrteilig, bisher sind nur *times (L. Wittgenstein I)* (2015) aus Messing und *times (L. Wittgenstein II)* (2015) aus Kupfer Einzelwerke, also solche, die ein Zitat auf ganzer Länge ungebrochen in sich fassen. Andere Arbeiten repräsentieren einen Gedanken in mehreren kürzeren Sequenzen, gliedern ihn also in

Satzabschnitte auf. Das mündet mal in einem mit 160 und 80 cm ungleichmäßig langen (und auch unterschiedlich geneigten) Skulpturenduo wie *times (Th. Mann I)* (2015), mal in einem lose nebeneinander gestellten Ensemble wie *times (R. Musil)* (2015), bestehend aus zehn nur 50 cm kurzen Aluminiumröhren. Bei beiden Werken wird auch eine Binnendifferenzierung deutlich: Rath lässt hier in ein- und derselben Arbeit die Schrift mal positiv, mal negativ erscheinen. In *times (Th. Mann I)* etwa wird die Zeile in „Wäre aber keine Zeit, wenn // keine Bewegung wäre?" aufgeteilt und dadurch eine Korrespondenz geschaffen, die in den zusammenhängenden Satz eine Figur der Zwiesprache einschleust. Ähnlich gilt das für *times (R. Musil)*, hier lautet das Zitat: „Der Zug der Zeit ist ein Zug, der seine Schiene vor sich her rollt. Der // Fluss der Zeit ist ein Fluss, der seine Ufer mit führt." Der erste Abschnitt verteilt sich über sechs matte Stäbe mit glänzend aufpolierter Schrift, während der zweite Teil vier Elemente umfasst und dort die Schrift auf glänzenden Stäben matt erscheint.

Mit der Wahl dieses Trägers geht Rath mit Schrift unweigerlich auch plastisch um: Denn die Lettern laufen ja mit der Rundung der Stäbe mit, sind also ebenfalls gekrümmt und lassen sich so nicht immer eindeutig entziffern; ein E und ein F sind aus bestimmter Perspektive etwa kaum unterscheidbar, ein T und ein I ebenso wenig. Die Schrift entzieht sich, man soll sich einen Wortlaut hier offenbar durchaus verlangsamt und – im Augenmerk auf den Buchstaben – auch als grafische Form erschließen. Zudem erhalten die Sätze im metallischen Schimmer auch eine etwas entrückte, leicht flirrende Präsenz.

Diese Verknüpfung von Satzlinearität und Skulptur entlang bestimmter semantischer Gelenkstellen ist in der Arbeit *division* (2015/16) noch einmal anders ausgerichtet. Was auf den ersten Blick aussehen mag wie ein unbespannter Keilrahmen mit Kreuzverstärkung, ist de facto eine skulpturale Struktur, die erneut als Träger von Text fungiert. Auf schmalen schwarzen Leisten heben sich die weißen, eher kleinen Versalien deutlich ab. Rath verwendet ein Zitat des Schriftstellers Robert Musil, und die umrisshafte, klar gegliederte Gestalt des gut zwei Meter hohen Werks korrespondiert dabei formal mit dem Satzinhalt: „Wenn man ein Rechteck in vier Teile zerlege, so gewinne man bei gleichem Inhalt den vierfachen Umfang; wenn es aber ein bedrucktes Rechteck sei, so gewinne man bei gleichem Umfang den vierfachen Inhalt."[1] Musils kryptisch-konjunktivische Sentenz ist im Trägerobjekt des Satzes zugleich plastisch realisiert. Insgesamt entfaltet sich der musilsche Satz hier als Zeilenfall entlang der Binnenlinien, die durch Unterteilung des Gesamtfelds entstanden sind – und wechselt dabei in 90°-Winkeln immer wieder Richtung und Raumorientierung. Anfangs muss man sich innerhalb der ungewohnten Lesart zurechtfinden, die mal horizontal, mal vertikal sowie links- wie rechtsläufig funktioniert. Doch rasch ist erkennbar: Die Lektüre beginnt oben rechts beim titelgebenden, hier über Kopf stehenden Satzteil „the division", verläuft nach unten, nach links, wiederum nach unten usf. – die richtigen Anschlüsse stellen sich im Lektürezusammenhang her, das heißt Lektüre organisiert Raumrichtung – bis der Lesefluss mit „while the extent remains the same" außen rechts in vertikaler Richtung endet. Oder eben nicht endet: Denn die Sequenz kommt wieder beim Anfang an, mündet beim ersten „the division", sodass man von dort aus einen weiteren Lektürezyklus durchläuft, ad infinitum! So schält der Zeilenlauf ein ∞-förmiges Unendlichkeitssymbol aus dem unterteilten Rechteck heraus. Raths Struktur ist also eine plastische Formalisierung des Satzgehalts, doch spiegelt sie das Zitat und seine Doppelstruktur auch auf vielfältige Weise: etwa indem „the division" sowohl oben rechts wie unten links auftaucht, an den antagonistischen Punkten also, und um 180° gedreht. Man könnte die Arbeit also ebenso auf den Kopf gestellt lesen, dann würden die beiden Satzteile die Plätze tauschen.

Der inneren Logik des Satzes folgend, hat Rath zu *division* ein Pendant geschaffen, das heißt eine eigenständige Arbeit, die dasselbe Zitat auf andere Weise realisiert. Rath formalisiert hier gewissermaßen den Aspekt des zweiten Satzteils, arbeitet nun mit Fläche und Volumen. Das Werk gleichen Titels ist eine mehrteilige Außenskulptur: Vier aus Beton gegossene Rechteckplatten mit identischer Grundfläche sind – in geringem Abstand zueinander – so ausgelegt, dass sie einander zum viermal so großen Rechteck gleicher Proportion ergänzen. Das Zitat aus oben beschriebener Arbeit strukturiert auch hier die Form: Der Satz ist auf der Oberseite der Platten eingeprägt. Er verläuft über alle vier Elemente, im gleichen Zeilenfall wie bei oben beschriebener Arbeit. Doch während in der ersten Version der Text auf der Rahmenstruktur umläuft, die das Rechteck als Leerstelle definiert, ist Text bei der zweiten Fassung ganz ins Materielle, Körperliche eingelassen. Diesen Aspekt des Plastischen macht Rath einmal mehr deutlich, indem sie vier Platten nicht nur nebeneinander auslegt, sondern auch in die Höhe stapelt: Das Feld unten links (auf dem das zweite „the division" steht, das jenen Satzteil einleitet, in dem es eben ums Volumen geht) ist mit nur einer Platte belegt, daneben rechts liegen zwei Platten, die Rechteckfläche ist also doppelt so hoch. Im nächsten Feld liegen dann drei und auf dem letzten schließlich vier Platten übereinander. So tritt die im Satz formulierte Unterteilung in der Plastik auch als Volumen in Erscheinung.

Die genuine Raumstruktur von Verschriftlichung kommt etwa auch in Form von Anagramm und Palindrom zum Ausdruck: Wechsel der Leserichtung oder Vertauschung von Buchstaben lassen dort neue, mehrstimmige Bedeutungscluster entstehen. Solche Strukturen interessieren Hannah Rath schon länger, sie hat sie beispielsweise in Arbeiten wie *LOOP/POOL* (2014) oder, leicht abgewandelt, auch in *UNDO REDO* interpretiert. Letzteres eine Arbeit, die sie 2014 als transparent-kleinformatigen Siebdruck auf Glas, aber auch zuvor bereits als großformatige Wandmalerei realisierte. In Versalien gesetzt, sind darin UND und ODER farblich voneinander abgehoben. Die kreisförmige statt lineare Zeilenführung hält beide Wörter latent verknüpft, wobei das UND normal, das ODER aber in Spiegelschrift wiedergegeben ist – eine räumlich quasi doppelgesichtige Schriftdarstellung. Dabei steht das O am Scheitelpunkt des Zeilenzirkels und bildet – als der spiegelbildlich einzige neutrale Buchstabe – den Umschlag- und Verknüpfungspunkt zwischen den Wörtern. Und plötzlich steht einem eine überraschende weitere Lesart vor Augen: Aus den deutschen Wörtern „und" und

„oder" wird das englische „undo" (= löschen, auflösen), begleitet von „redo" (= wiederholen, erneut tun), und eher beiläufig bringt auch ein „red" gedanklich Farbe ins Spiel – während die Wandmalerei, vielleicht eine leise konterkarierende Geste, in Blau ausgeführt wurde.

In diesem thematischen Zusammenhang realisierte Rath zuletzt auch eine größere Installation im öffentlichen Raum: Das Sprachbild *DRAW NINE MEN INWARD* führte Rath im Sommer 2015 im FBC-Tower im Frankfurter Westend aus. In einem weitläufigen Großraumbüro im 14. Stock brachte sie auf je einer Fensterscheibe Folienbuchstaben auf, die zusammen die titelgebende Wortfolge ergaben. Der Sinn dieses für sich genommen eher sinnfreien Satzes besteht vor allem darin, dass er sich identisch vorwärts wie rückwärts lesen lässt, Leserichtung darin also aufgehoben ist. Das verbindet Rath nun installativ mit einem weiteren Aspekt von Räumlichkeit: Die Transparenz der Fenster fügte fürs Lesen den Aspekt von innen/außen hinzu. Damit sich der Satz von draußen, also von der Straße oder einem benachbarten Hochhaus aus, „ganz normal" von links nach rechts lesen lässt, klebte Rath die Buchstaben von innen spiegelverkehrt auf. Von dort gesehen unterlief der Satz in seiner Eigenschaft als Palindrom die Sehverkehrung aber weitgehend, blieb quasi auch auf der „anderen Seite des Spiegels" lesbar. Wie präzise und wie vielschichtig Rath solche Interventionen konzipiert, wird in einem landschaftsbezogenen Aspekt der Installation deutlich: Von dem hoch gelegenen Büroraum aus fällt der Blick auf umliegende Hochhäuser und auch auf die „wunderschön gezeichnete Horizontlinie"[2] dazwischen. Die natürliche Linie (und die damit verknüpfte Relation von oben und unten) band sie ein, indem sie die Buchstaben mit der Unterkante auf Horizonthöhe platzierte.[3] Das entspricht einer Verortung des Blicks – eine immanente Perspektivität, mit der Rath hier enorme Weite ins Werk holte und Betrachter ihrerseits auch darauf ausgerichtet hat.

Wiederum anders organsierte Rath die Verflechtung von Räumlichkeit und Textualität in ihrem temporären Projekt *T HERE* (2014): Konzeptioneller Ausgangspunkt ist hier das englische Begriffspaar Here und There, zwei relationale Begriffe der Verortung, die räumliche Differenz zwischen Betrachterstandpunkt und einem jeweils anderen benennen. Bloß ein Buchstabe macht den Unterschied, und Rath entwickelt das weiter zu einer mobilen Installation von charakteristisch minimalistischer Ökonomie: Fünf Transportwagen einer Kunstspedition, in ganz Europa unterwegs, machte sie zu Trägern eines Textbilds. Die Fahrzeuge sind einheitlich grau lackiert, ihre Rückseite, eine Fläche von gut zwei mal zwei Metern, ist jeweils mit dem HERE versehen, links davon und, höher ansetzend, ein T. Ein einfaches abstraktes Sprachbild also: von hier nach da und wieder zurück. Auf den Seitenwänden dann ein weiteres Bild: zwei sich kreuzende Flächen, bestehend aus einem Feld kleiner, regelmäßig angeordneter und jeweils identischer Buchstaben und einem nicht ganz rechtwinklig darüber liegenden blauen Punktraster. Durch mathematisch exakt berechnete Faktoren wie Überlagerungswinkel, Punktabstand und -größe entsteht ein sogenannter Moiré-Effekt, den Rath schon in früheren Werken wie *POEM* (2013) einbezog. Das gleichmäßige Raster überlagert das jeweilige Buchstabenfeld in scheinbar zufälliger Streuung, Buchstaben werden mal komplett verdeckt, mal unterschiedlich angeschnitten. Doch im Zusammenspiel von Verdecken und Zeigen tritt dann verblüffenderweise exakt jener Buchstabe, der dem jeweiligen Textfeld zugrundeliegt, in großem Format hervor, also etwa ein H, das aus einem Feld vieler kleinformatiger Hs hervorgeht. In der Installation *T HERE* lebt das Sprachbild aus einem Zusammenspiel von Streuung und Koinzidenz: Jedes der fünf Fahrzeuge trägt nur einen der Buchstaben; T, H, E, R und E sind also unabhängig voneinander unterwegs. Und begegnen Autofahrern, für die der Moiré-Effekt etwa beim Überholvorgang zu einer Art von flüchtiger Erscheinung wird. Und jede Begegnung mit einem der mobilen Sprachbilder verweist auf den räumlich entfernt kursierenden Rest. Der Augenblick, das Lesen, das ist das Here. Das imaginierte Abwesende, es bleibt abwesend – es ist ein There.

In *T HERE*, *W HERE*, *IN HERE* (2015) setzt Rath die Arbeit mit solchen sprachlichen Verortungsmodi in stärker abstrakter Formalisierung und komplexerer Verflechtung fort. Wie bereits in *T HERE* entsprechen die titelgebenden Wörter relationalen Begriffen, bei denen (im Englischen) durch Entfernen oder Hinzufügen eines Elements eine räumliche Differenz markiert wird: Hier (HERE) ist stets Sprecherposition und grenzt sich vom unbestimmt entfernten Dort (THERE) ab, während das Wo (WHERE) ein imaginäres, noch zu definierendes Hier versprachlicht, und im Motiv des Drinnen (IN HERE) kommt eine Akzentuierung im Spannungsfeld innen/außen hinzu.

Diese Arbeit besteht aus elf flachen, tischähnlichen Aluobjekten, in die je eine Glasplatte als Bildträger eingelassen ist. Parallel zu den semantischen Verschiebungen, wenn etwa ein THERE in voneinander abgerückten Elementen T und HERE dargestellt ist, nimmt Rath zugleich Variationen von Flächenaufteilungen vor. Die gläsernen Bildträger im Verhältnis zwei zu drei gliedert sie potenziell in zwei Rechteck- und zwei Quadratflächen. In drei Arbeiten taucht nun je einer der Titelbegriffe auf, wobei HERE stets eine der (horizontalen) Rechteckflächen einnimmt und das Präfix in der Quadratfläche verortet ist. Das betreffende Wort ist als weißer Schriftzug auf transparenter Fläche angelegt. Die zwei verbleibenden Rechteck- bzw. Quadratfelder sind vollflächig weiß lackiert. In weiteren acht Elementen spielt Rath die Aufteilung jener Grundformen ohne Auftauchen von Begriffen durch: Jeweils ein Rechteck und ein Quadrat sind weiß lackiert, die beiden anderen Flächen bleiben ausgespart, das heißt transparent, und mit der Anzahl von insgesamt elf Werkteilen ist die mögliche Verteilung dieser Felder einmal vollständig durchvariiert.

    Dass Rath diese Modulationen in Gestalt von Bodenelementen und nicht beispielsweise als Tafelbilder realisiert, zeugt von einem feinen Gespür im Umgang mit Raum. Nicht nur, dass so die freie Anordnung der Elemente leichter möglich ist, also jedes mit jedem kombiniert oder eine Auswahl gezeigt werden kann. Es lässt sich so auch differenzierter auf räumliche Gegebenheiten eingehen, etwa durch lineare oder feldartige Anordnungen. Und es entspricht auch konzeptionell-bildnerisch der größeren Stringenz, jene relationalen Begriffe ganz buchstäblich zu verorten – also unmittelbar mit dem Grund zu assoziieren, auf dem man als Betrachter selber steht und sich, eben, von hier nach dort im Raum bewegt. So wird die Differenz von HERE und THERE zum typo-/topografischen Gestus. Doch Konsequenz und strenge Formalisierung sind hier zugleich mit einem leichten Schweben, einer gezielten Unschärfe verwoben. Man bemerkt es vielleicht erst auf den zweiten Blick, doch der geringe Abstand der Tafeln zum Boden ruft dank transparentem Träger einen mehr oder weniger diffusen Schattenwurf hervor. Schrift und Flächengliederung sind auf diese Weise nochmals verräumlicht abgebildet. Was sich da auf Ebene des Begriffs zwischen Schrift und Sinn ausdifferenziert und im abstrakt formulierten „hier und dort" der Flächenvariationen fortsetzt, findet nun im flüchtigen Schattenbild darüber hinaus sein imaginatives Double.

1   Rath arbeitet hier mit einer englischen Übersetzung, die folgendermaßen lautet: „The division // of one rectangle into four results in // an extent multiplied by four // while the content remains the same // the division // of a printed rectangle, however, // results in an area multiplied by four // while the extent remains the same."
2   Rath in einer E-Mail an den Autor vom 5. Dezember 2015.
3   Ausgehend vom Blickpunkt eines durchschnittlich großen Betrachters.

Writing, its Image, the Object and Space

Works by Hannah Rath

Jens Asthoff

Two points are enough to locate the object. A thin copper tube, about two metres long, leans vertically against the wall, a slight red-metal shimmer. As a sculptural setting this has precise simplicity, and is evidently somewhat precarious in its elegance. On the floor the rod is set a little away from the wall to ensure stability. And yet leaning contradicts the idea of the pedestal in a quietly emphatic way. It isn't a sculpturally stabilised stand; the merely arrested fall is a constant presence. In this sense, some pieces in times, Hannah Rath's new group of works, have an immanent, held tenderness, so to speak, a gesture that also extends to the works' theme.

 The varyingly narrow tubes – aside from copper Rath also uses aluminium and brass – are the bearers of text; you see this at a second glance at least, or when coming nearer, as the letters are not painted or stamped but burnished – thus appearing more as a metallic nuance. Text and material seem to have been amalgamated.

 For this group of works Rath selected quotes from various writers and philosophers on the subject of time, and worked them onto the rods. The text is applied by foil stencil; the lettering is sometimes set in positive, sometimes in negative and the remaining surface is lightly smoothed and polished in several stages. So the placement maintains a close proximity to material and surface, and it can't be ruled out that in time the metals will regain terrain.

In the above-described copper sculpture, entitled *times (L. Wittgenstein II)* (2015), we read a remark by Ludwig Wittgenstein from his *Philosophical Remarks:* 'Is it possible to imagine time with an end, or with two ends?' At first a relatively simple thought, perhaps, but one whose philosophical implications could scarcely be more far-reaching. It concerns the question of whether time can be thought of as having a beginning, or if not, how it should be thought of: still linearly, or as expansion without a central point? As an eternal paradox? The problem has been differently interpreted for centuries; one thinks perhaps of Zeno's arrow paradox or Immanuel Kant, who in is four *Antinomies* is concerned with the question of whether time has a beginning or not and describes its factual unsolvability as a necessary perspective of human reason. The question remains acute under present-day ideas of a space–time that causes our everyday experience of time as continual to appear as a special case.

Rath is not engaged in philosophy here, however; she clearly moves within the terrain of art. She translates verbal imagery (which always operate on the conceptual level) into spatial, plastic form. The central medium, and formally speaking also the material of her work, is writing. This applies not only to the *times* group but to her work as a whole. The transformation can turn out very differently; until now it has ranged from wall painting and glass images to sculptures and site-specific installations. Rath is primarily guided by the only apparently simple insight that writing is a spatialisation of language and parallel to the discursive mode of reading is always open to the intuitiveness of the image. In the artistic context this has precursors in genres such as constructivism or conceptual art, but it extends into literature, with concrete poetry or the visual experiments of Stéphane Mallarmé in his famous *Coup de dés*, from 1897. For Rath this concentrates into the central idea of her work, which is always concerned with an aesthetically compelling exploration of text and writing in relation to space.

Works in the *times* series are predominantly multipart; the only one-piece works until now are *times (L. Wittgenstein I)* (2015), in brass, and *times (L. Wittgenstein II)*, in copper, which contain an unbroken quotation over their whole length. Other works represent a thought in several short sequences divided into sentences. This can give rise to the unequally long, 160 and 80 cm sculpture duo *times (Th. Mann I)* (2015), or a loosely arranged ensemble such as *times (R. Musil)* (2015), consisting of ten only 50 cm aluminium tubes. An internal differentiation is also apparent in both these works: Rath has the writing appear in both positive and negative in one and the same work. In *times (Th. Mann I)*, for example, the line is divided 'Wäre aber keine Zeit, wenn // keine Bewegung wäre?' [Would there be no time, if // there were no motion?], thus establishing a correspondence that smuggles a dialogical figure into the coherent sentence. This is similarly managed in *times (R. Musil)*. Here the quotation is 'Der Zug der Zeit ist ein Zug, der seine Schiene vor sich her rollt. Der // Fluss der Zeit ist ein Fluss, der seine Ufer mit führt' [The train of time is a train that rolls out its tracks in front of itself. The // river of time is a river that carries its own banks along with it]. The first section is distributed over six matt rods with shiny polished writing, while the second part covers four elements with matt writing on polished rods.

With the selection of this carrier, Rath inevitably deals with writing sculpturally, as the letters follow the curvature of the rods and thus can't always be deciphered easily. An E and an F can hardly be distinguished from a certain angle, a T and an I even less. The writing is elusive; we are apparently obliged to extrapolate its wording slowly and – with our attention on the letters – as a graphic form. The metallic sheen additionally gives the sentences a somewhat otherworldly, shimmering presence.

This linkage of sentence linearity and sculpture along specific points of semantic articulation is differently accomplished in *division* (2015/16). What may initially appear to be an unstretched frame with a reinforcing cross is in fact a sculptural structure that again functions as the bearer of text. Mainly small capitals stand out clearly on narrow black bars. Rath uses the English translation of a quotation from Robert Musil, and the outline-like, clearly defined form of the two-metre-high work corresponds formally to the content of the sentence: 'The division // of one rectangle into four results in // an extent multiplied by four // while the content remains the same; // the division // of a printed rectangle, however, // results in an area multiplied by four // while the extent remains the same.' Musil's cryptic sentence is likewise realised in the object carrying the sentence, which evolves as an alignment along the inner lines produced by the division of the overall area, constantly changing direction and spatial orientation at 90° angles. It takes a while to get used to the unusual way of reading, which sometimes functions horizontally or vertically, sometimes clockwise or anti-clockwise. But it can soon be seen that the sentence starts above right at the title-giving, here upside-down phrase 'the division', continues downwards, to the left, then again down, and so on – the right connections are established in the reading context; that is, reading organises spatial organisation – until it ends with 'while the extent remains the same' at the outer right in the vertical direction. Or doesn't end, as the sequence arrives back at the beginning, at the opening 'the division', so that we go through a further reading cycle, ad infinitum! So the progression of lines, if you like, cuts an ∞-shaped infinity symbol out of the segmented rectangle. Rath's structure is thus a plastic formalisation of the content of the sentence, yet it mirrors the quotation and its double structure in diverse ways: for example, in that 'the division' appears both above right and below left, that is, at antagonistic points and rotated through 180°. The work could be read upside down, and then the two parts of the sentence would change places.

Following the inner logic of this quotation, Rath has created a counterpart to *division*, an independent work that realises the quotation in a different way. Here to some extent Rath formalises the second phrase of the sentence, now working with surface and volume. The work, with the same title, is a multipart outdoor sculpture: four rectangular concrete slabs with identical areas are so arranged – with a slight distance between them – that they form a square of the same proportions but four times as large. Here too the quotation structures the form: the sentence is inscribed into the upper surface of the slabs. It proceeds over all four elements, in the same alignment as the above-described work. But while in the first version the text circulates around the frame structure, which defines the rectangle as a gap, in the second version the text is entirely set into the physical material. Rath emphasises the three-dimensional aspect by not only laying the four slabs side by side but also by gradually raising their height: the lower left field (on which the second 'the division' appears, introducing the phrase about volume) is occupied by a single slab. To the right lie two slabs, so this field is twice as high. On the next lie three slabs, and finally four. And so the division formulated by the sentence also appears as sculptural volume.

The genuine spatial structure of textualisation is also expressed in the form of anagrams and palindromes: the alteration of reading direction or exchange of letters causes new, polyphonic clusters of meaning to emerge. Such structures have interested Hannah Rath for some time; she has interpreted them, for example, in works like *LOOP/POOL* (2014) or, slightly modified, in *UNDO REDO*. This is a work which she realised in 2014 as a transparent, small-format silkscreen on glass, but previously also as a large-format wall painting. Set in capitals, the words UND [AND] and ODER [OR] are chromatically differentiated. The circular run of the line holds the words latently connected, although the UND is rendered normally but the ODER in mirror writing – a spatially ambivalent form of textual depiction. The O stands at the apex of the circle, and forms – as the only symmetrical letter – the transition point and link between the words. And suddenly a surprising new way of reading appears: the German words 'und' and 'oder' become the English 'undo', accompanied by 'redo', and incidentally also bring a notional 'red' into play, while the wall painting, in a mildly contradictory gesture, is executed in blue.

In this thematic context Rath recently also devised a larger-scale installation in public space, and in the summer of 2015 realised the verbal image *DRAW NINE MEN INWARD* in the FBC-Tower in Frankfurt's Westend. In a spacious open-plan office on the fourteenth floor, she spelled out the title-giving phrase in adhesive-film letters, one per window pane. The prime significance of this rather nonsensical sentence is that it can be read backwards or forwards, so the reading direction is cancelled out. In the installation Rath links this to a further aspect of spatiality: the transparency of the windows adds the aspect of interior/exterior to the reading. In order that the sentence could be read 'quite normally' from left to right outside – from the street or a neighbouring tower block – Rath affixed the letters back to front inside. Seen from here the sentence largely subverted the visual reversal in its palindromic quality, remaining legible on the 'other side of the mirror', so to speak. The precision and complexity with which Rath conceives such interventions becomes clear in a landscape-related aspect of the installation: from the elevated office space the eye falls on the surrounding tower blocks and also on the 'wonderfully drawn horizon line'[1] between them. Rath incorporated this natural line (and the associated relationship of above and below) by placing the lower edge of the letters on the level of the horizon.[2] This is equivalent to a location of the gaze – an immanent perspectivity with which Rath brings enormous distance into the work and orients the viewers to it.

Rath organised the interpenetration of space and text differently again in her temporary project *T HERE* (2014): the starting point here is the English conceptual pair 'here' and 'there', two relational terms of localisation which name the spatial disparity between the viewer's standpoint and that of a respective other. Only one letter marks the difference, and Rath develops this into a mobile installation with characteristic minimalist economy: five small trucks belonging to an art-shipping company, in operation throughout Europe, are turned into the bearers of a textual image. The vehicles are sprayed a uniform grey; on their rear, a surface of at least two square metres, stands the word HERE, with a T positioned a little higher to the left. A simple, abstract linguistic image: from here to there and back again. On the sides there is a further image: two crossing surfaces consisting of a field of small, regularly ordered identical letters and a blue dot screen not quite at right angles above it. Through the exact calculation of factors like angle of overlay, size of dot and distance between them, a so-called moiré effect occurs, something that Hannah Rath had already included in earlier works such as *POEM* (2013). The even matrix overlays the respective field of letters in apparently random dispersion; letters are completely covered or differently cropped. But amazingly, in the interplay of concealment and display the very letter making up the respective field appears in large format, for example an H emerges from the field of small-format Hs. In the installation *T HERE* the verbal image lives from an interplay of distribution and coincidence: each of the five vehicles only bears one of the letters, so T, H, E, R and E are on the road independently. They encounter drivers for whom the moiré effect becomes a kind of short-lived apparition while overtaking, and every encounter with one of the mobile letters refers to the others circulating far away. The moment of reading is the Here. The imagined absentees, which remain absent – are a There.

In *T HERE, W HERE, IN HERE* (2015) Rath continues working with such linguistic modes of location in more abstract formalisation and more complex interpenetration. As in *T HERE* the title-giving words correspond to relational concepts that mark (in English) a spatial difference through the removal or addition of a single element: HERE is always the speaker position, and distances itself from an indeterminately far off THERE, while WHERE verbalises an imaginary, yet to be defined HERE, and the motif of IN HERE accentuates the contrast between interior/exterior.

This work consists of eleven flat table-like aluminium objects into which a pane of glass is set as an image carrier. Parallel to the semantic shifts, for example when a THERE is depicted as the separate element T and HERE, Rath also carries out variations in the distribution of surface. The glass image carriers, in the relationship of two to three, are potentially structured in two rectangular and two square surfaces. One of the title concepts appears in three of the objects, whereby HERE always occupies one of the (horizontal) rectangular surfaces and the prefix is located in the square. The word in question is set as white lettering on a transparent background; the remaining rectangular or square fields are entirely coated in white. In eight further elements Rath plays through the division of these basic forms without the appearance of the words: a rectangle and a square are painted white, while the two other surfaces remain transparent. And with the total of eleven elements the possible variations are complete.

The fact that Rath realised these modulations as floor elements and not panel images, for example, shows a fine feeling for dealing with space. The form facilitates the free combination of all the objects or of a selection, and also enables a differentiated response to spatial particularities through linear or field-like arrangements. And it corresponds conceptually and visually to the rigour of locating these relational concepts quite literally – that is, to associate them directly with the floor, on which the viewer stands and moves from here to there within the space. In this way the difference between HERE and THERE becomes a typo-/topographic gesture. Yet consistency and strict formalisation are interwoven with a light hovering, a deliberate blurring. It isn't perhaps immediately noticeable, but the scant distance of the panels from the floor brings forth a more or less diffuse shadow thanks to their transparency. Lettering and surface structure are again depicted spatially. The conceptual differentiation between writing and meaning, which is continued in the abstractly formalised 'here and there' of the surface variations, now also finds its imaginative double in the transient silhouette.

1   Rath in an email to the author on 5 December 2015.
2   From the standpoint of an averagely tall viewer.

3

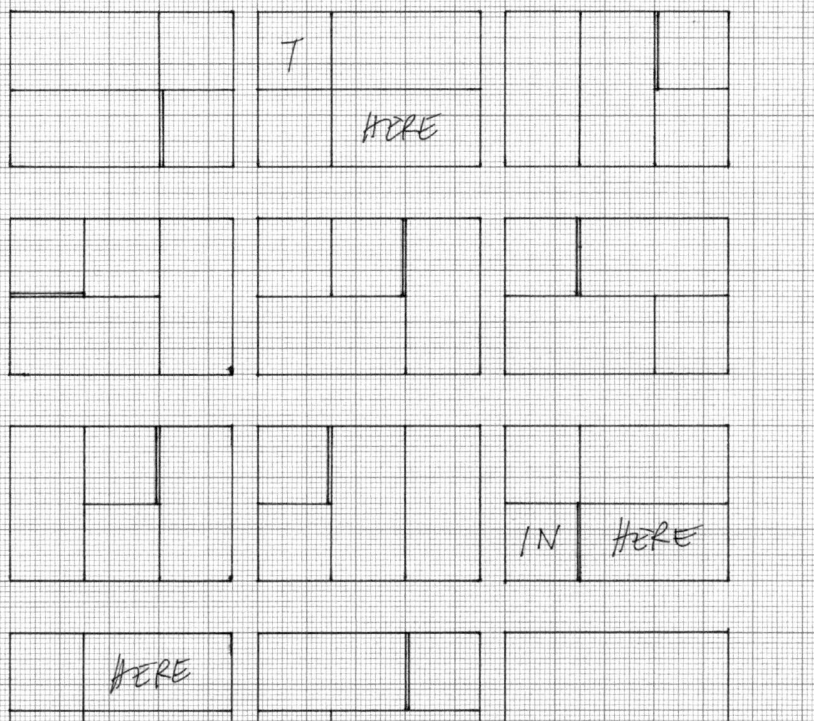

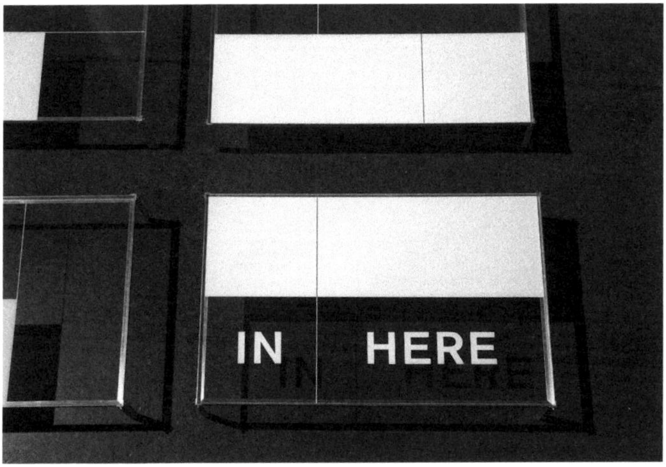
IN
HERE

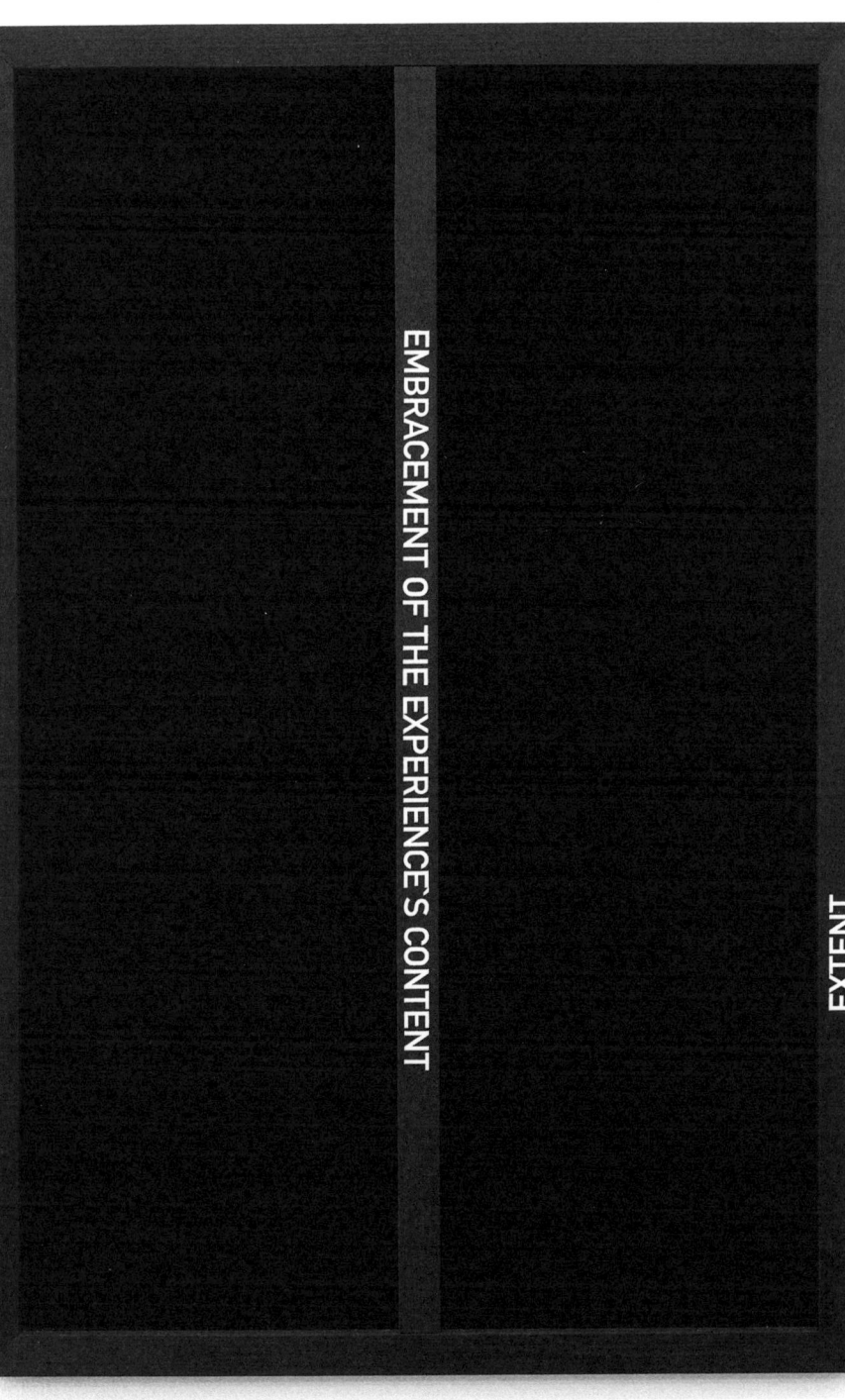

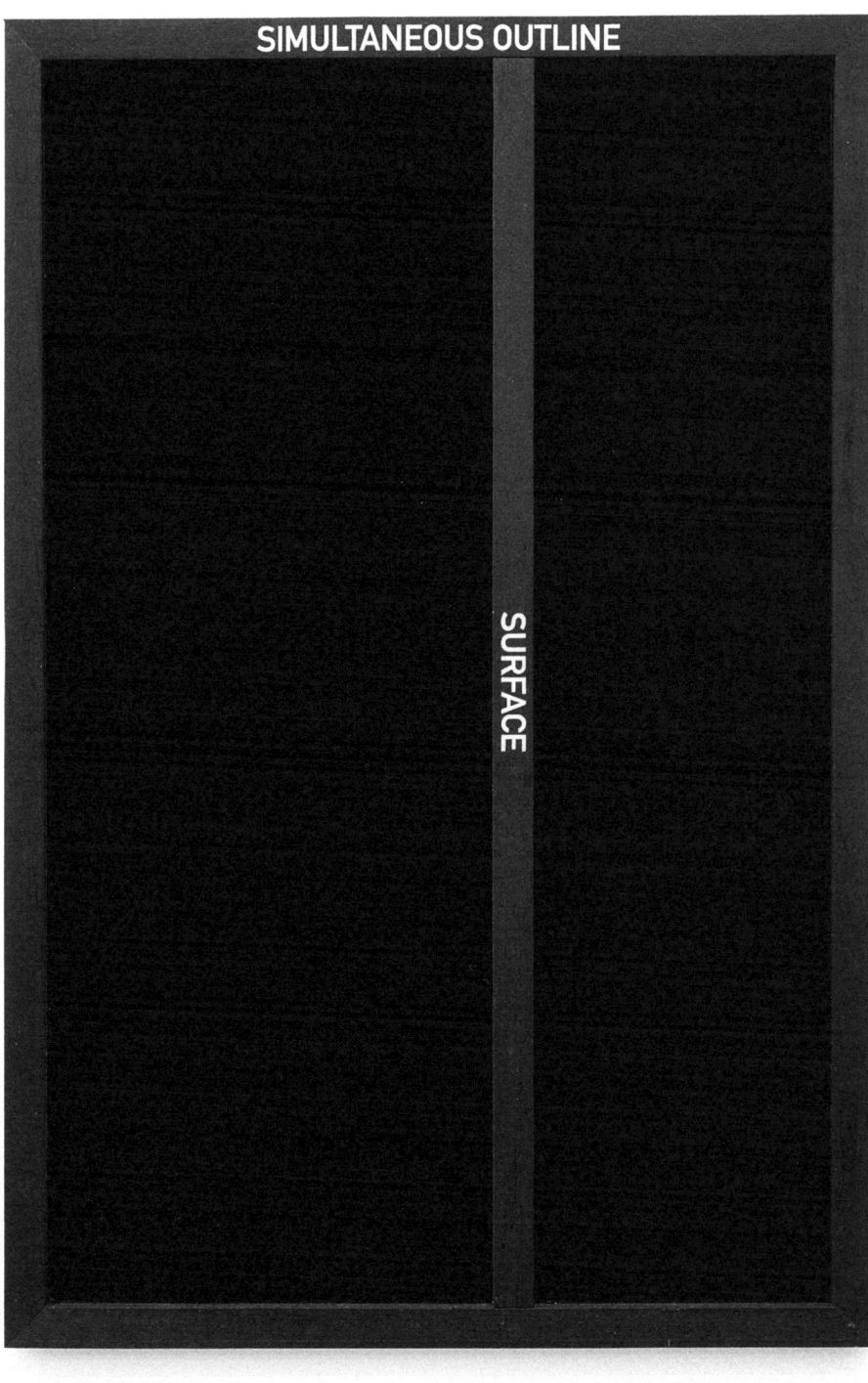

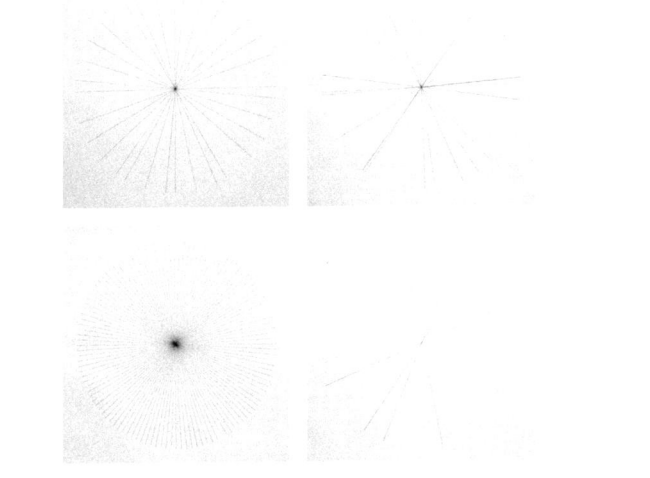

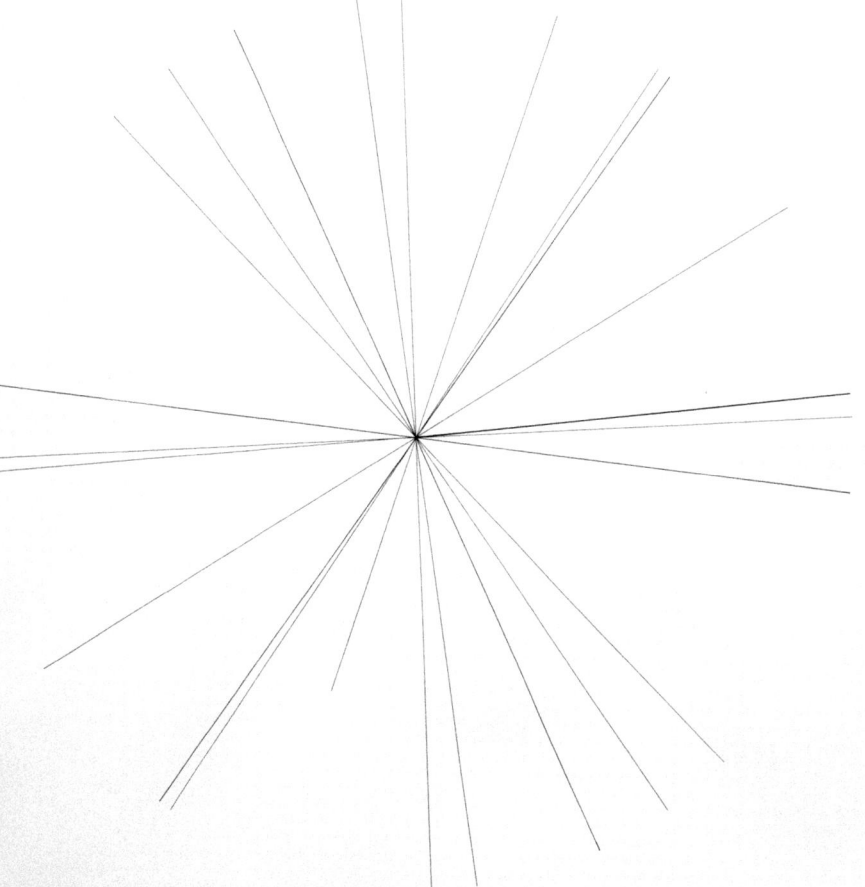

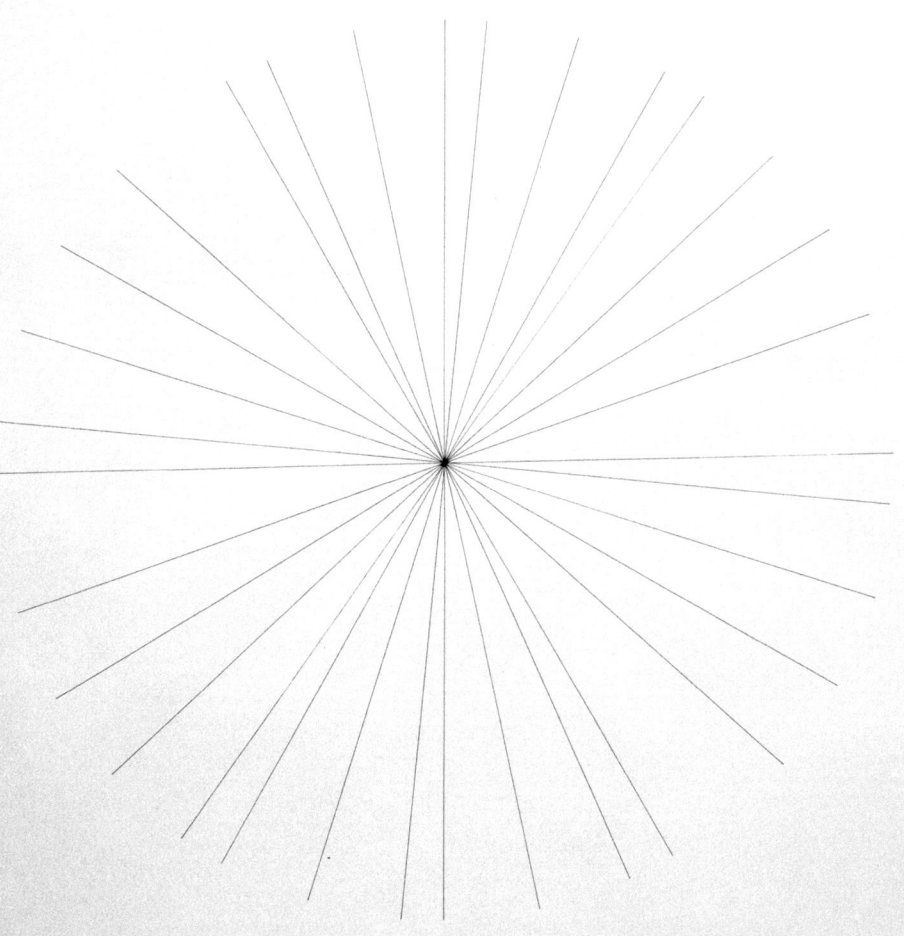

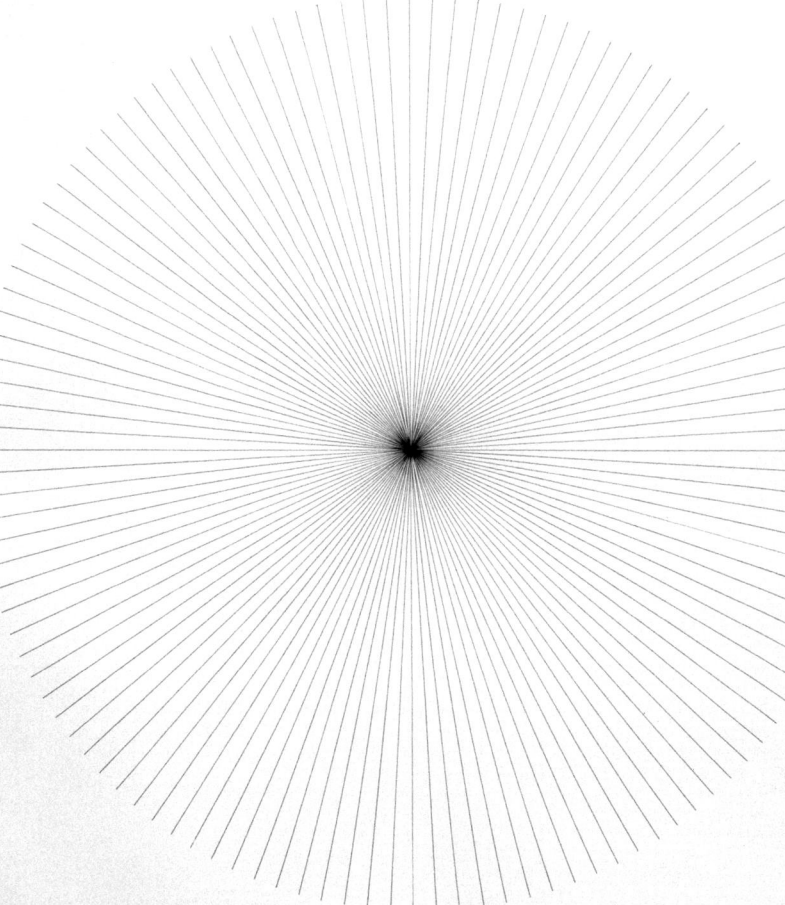

DIE MÖGLICHKEIT ALLER ZUKUNFT HAT DIE ZEIT JETZT IN SICH. DER MENSCHLICHE BEWEGUNGSRAUM IST UNENDLICH, WIE DIE ZEIT.

L. WITTGENSTEIN

MAN KANN NICH SAGEN „DIE ZEIT FLIESST", WENN MAN MIT „ZEIT" DIE MÖGLICHKEIT DER VERÄNDERUNG MEINT.

L. WITTGENSTEIN

IST ES MÖGLICH, DIE ZEIT MIT EINEM ENDE ZU DENKEN ODER MIT ZWEI ENDEN?

L. WITTGENSTEIN

WÄRE ABER KEINE ZEIT, WENN KEINE
BEWEGUNG WÄRE?

TH. MANN

ABER WELCHES IST DENN UNSER ZEITORGAN? WILLST DU MIR DAS MAL EBEN ANGEBEN? SIEHST DU, DA SITZT DU FEST. ABER WIE WOLLEN WIR DENN ETWAS MESSEN, WOVON WIR GENAUGENOMMEN REIN GAR NICHTS, NICHT EINE EINZIGE EIGENSCHAFT AUSZUSAGEN WISSEN! WIR SAGEN: DIE ZEIT LÄUFT AB. SCHÖN, SOLL SIE ALSO MAL ABLAUFEN. ABER UM SIE MESSEN ZU KÖNNEN... WARTE! UM MESSBAR ZU SEIN, MÜSSTE SIE DOCH GLEICHMÄSSIG ABLAUFEN, UND WO STEHT DENN DAS GESCHRIEBEN, DASS SIE DAS TUT? FÜR UNSER BEWUSSTSEIN TUT SIE ES NICHT, WIR NEHMEN ES NUR DER ORDNUNG HALBER AN, DASS SIE ES TUT, UND UNSERE MASSE SIND DOCH BLOSS KONVENTION, ERLAUBE MIR MAL...

TH. MANN

DENN FORTSCHRITT SEI NUR IN DER ZEIT; IN DER
EWIGKEIT SEI KEINER UND AUCH KEINE POLITIK
UND ELOQUENZ. DORT LEGE MAN, SOZUSAGEN, IN
GOTT DEN KOPF ZURÜCK UND SCHLIESSE DIE AUGEN.

TH. MANN

IN DER ZEIT, DIE SEITDEM VERFLOSSEN WAR,
INDEM SIE VERÄNDERUNG GEZEITIGT HATTE!

TH. MANN

ZEIT IST, UND SIE TICKT GLEICHMÄSSIG VON MOMENT ZU MOMENT.
I. NEWTON

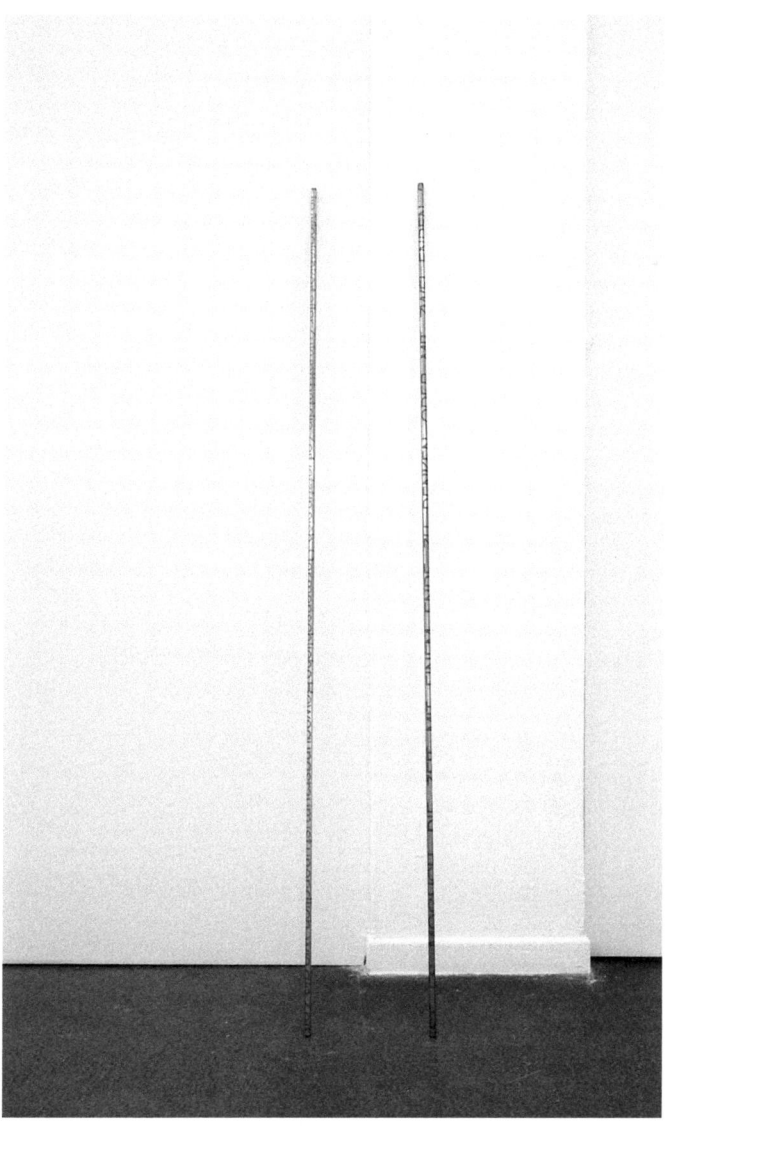

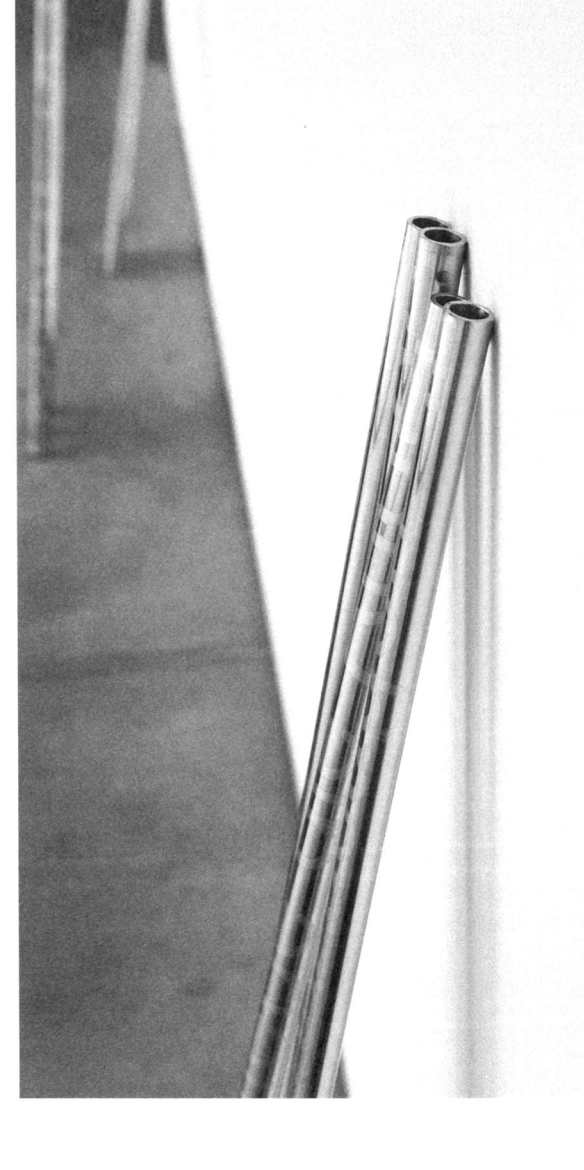

11

Reflexionsraum

Julia Katharina Thiemann

*Sind Worte Schatten /
werden Schatten Spiegel*

Klaus Hoffer

Fast beiläufig und doch genau ausbalanciert lehnen Kupfer-, Messing- und Aluminiumrohre unterschiedlichen Durchmessers und unterschiedlicher Länge an den Ausstellungswänden. Ihre glänzende Oberfläche ist von geometrischen Formen durchbrochen, die bei näherer Betrachtung als Buchstaben erkennbar werden. Die Worte bilden Sätze, die sich fragmentiert auf die Stäbe verteilen. Hannah Rath schrieb in ihre Arbeiten dieser Serie *times* (2015) Zitate zur Thematik der Wahrnehmung von Zeit in die Metalloberflächen ein. Die Worte erscheinen matt aus dem nun glänzenden Untergrund herauspoliert, oder umgekehrt als glänzende Worte auf mattem Grund, wodurch Form und Inhalt miteinander in Verbindung treten. Lesbar wird zum Beispiel ein Zitat von Ludwig Wittgenstein: „Die Möglichkeit aller Zukunft hat die Zeit *jetzt* in sich. Der menschliche Bewegungsraum ist unendlich, wie die Zeit." Hier werden Grundkonstituenten von Hannah Raths Arbeitsweise deutlich, die sich einerseits auf Zeit wie auf Bewegung, und hier speziell die Bewegung der Rezipienten im Raum, beziehen. Die Wahrnehmung verdichtet sich in ihrer Perspektivhaftigkeit und eröffnet neue Assoziationsräume.

Erkenntnisfragen zu Zeit und Raum, die unser gesamtes Dasein betreffen, werden hier von Hannah Rath in ästhetischer Transformation aufgespannt. Sprache verwendet sie dabei zugleich als Material, Inhalt, Instrument und Prinzip ihrer Arbeiten in engem Zusammenspiel mit ihrer ästhetischen Formgebung. Sie bietet den Rezipienten einen Reflexionsraum an, in den sie metaphorisch hineinprojizieren können. Dies ist bei Hannah Rath immer im doppelten Sinne zu verstehen, denn Reflexion meint stets zugleich eine Spiegelung wie auch einen Erkenntnisprozess. Damit ist Reflexion ein wichtiges Element ihrer Arbeiten, die immer auf eine weitere Ebene hinter den Dingen verweisen und dabei zumeist eine humorvolle Doppelbödigkeit besitzen. Ebenso exakt und tiefgründig wie auch poetisch verbindet sie Materialeigenschaften mit Sinnhaftigkeit, Inhalt mit Form, Fläche und Volumen mit philosophischen Fragestellungen zu ausdrucksstarken Objekten im Raum, die erkundet und erschlossen werden wollen.

Hannah Rath überträgt die Linearität und Zweidimensionalität der Schrift in ihren Arbeiten in die Dreidimensionalität. In *times* (2015) ist das Kontrastschema des Textualen in Oberflächenzustände transformiert und evoziert somit eine gewisse Haptik und Taktilität. Auf immer wieder neue Weise konstituiert ein dichotomischer Differenzbegriff Raths Arbeiten, den sie zugleich destruiert und somit ein Ausloten des Zwischenraums sichtbar werden lässt. Die Transformation der poetischen Fragmente in skulpturale Denkweisen ist für Hannah Raths Arbeitsweise entscheidend. Schrift und Sprache werden hier als fragmentierte Sinneinheiten skulptural begriffen und in den Raum überführt. So lotet sie Aspekte der Perspektive sowohl räumlich wie auch inhaltlich aus, wobei Momente der Diffizilität und Fragilität eine besondere Rolle spielen.

Ihre Arbeit *division* (2015/16) lehnt wie ein großer feiner Rahmen an der Wand. Die sieben Rahmenelemente sind mit einem Stecksystem miteinander verbunden. Auf den einzelnen schwarzen Streben sind Fragmente eines Zitats des Schriftstellers Robert Musil in weißer Schrift lesbar. Diese Arbeit verdeutlicht beispielhaft, wie Hannah Rath ihre Arbeiten konstruiert, denn die Form stellt das Zitat dar: „The division of one rectangle into four results in an extent multiplied by four while the content remains the same; the division of a printed rectangle, however, results in an area multiplied by four while the extent remains the same."[1] Bei *division* bedingt der Inhalt die Form und die Form trägt den Inhalt. Relationen von Fragment und Einheit werden dabei neu ausgelotet.

In skulpturalen Installationen untersucht sie Schrift und Sprache, die auf Holz, Metall, Papier, Glas oder Beton zum Vorschein kommen und kreiert doppelbödige Situationen der Reflexion und Spiegelung von Inhalt und Form. Hannah Raths Arbeitsweise ist stets mehrschichtig metaphorisch zu verstehen und doch immer literarisch rückgebunden. Sie thematisiert auf ganz eigene ästhetische Weise die Reflexionsfähigkeit, die Welt durch Sprache zu begreifen und diese dadurch neu zu konstituieren. So sind für Hannah Raths Arbeiten Parameter der Präsenz im Raum ebenso wie der Wahrnehmung in der Zeit konstitutiv, wenn Worte zu Schatten/zu Spiegeln werden, in denen man sich selbst erkennen und reflektieren kann.

sind worte schatten
werden spiele worte

sind worte spiele
werden schatten worte

Eugen Gomringer

1 Dieses Zitat ist einer Laudatio von Robert Musil zu Ehren des Schriftstellers und Theaterkritikers Alfred Kerr entnommen, der für seinen eigenen, oft fragmentarisch geprägten Schreibstil bekannt war: „Wenn man ein Rechteck in vier Teile zerlege, so gewinne man bei gleichem Inhalt den vierfachen Umfang; wenn es aber ein bedrucktes Rechteck sei, so gewinne man bei gleichem Umfang den vierfachen Inhalt." Aus „*Robert Musil. Eine Biographie*", Karl Corino, Rowohlt, Reinbek bei Hamburg 2003.

Reflective Space

Julia Katharina Thiemann

*If words are shadows /
Shadows become mirrors*

Klaus Hoffer

Almost casually, and yet exactly balanced out, copper, brass and aluminium tubes of various radiuses and lengths lean against the exhibition walls. Their shining surface is broken by geometric forms that are recognised on closer observation as letters. The words form sentences distributed in fragments among the different tubes. In the series *times* (2015) Rath has inscribed quotations about the perception of time onto the metal surfaces of her works. They appear matt on a polished background, or vice versa as polished words on a matt background, through which form and content enter into a relationship with one another. A text can be read by Ludwig Wittgenstein, for example: 'Die Möglichkeit aller Zukunft hat die Zeit *jetzt* in sich. Der menschliche Bewegungsraum ist unendlich, wie die Zeit' ['Time contains the possibility of all the future *now*. The space of human movement is infinite in the same way as time', trans. Raymond Hargreaves and Roger White]. Here we discern the basic constituents of Hannah Rath's way of working, which refer both to time and movement, and in this work particularly to the movement of the viewer in space. Perception is concentrated in its perspectivity, and opens up new associative spaces.

Hannah Rath raises questions about time and space, which concern our whole existence, in aesthetic transformation. She uses language as material, content, instrument and principle, in close interaction with her aesthetic composition. She offers viewers a reflective space that reverberates both them and their surroundings, and into which they can project metaphorically. With Hannah Rath this should always be understood in a dual sense, as reflection always means both mirroring and cognitive process. Reflection is thus an important element in her works, which always refer to another level behind the things and usually have a humorous ambiguity. Exactly, profoundly and poetically she combines material qualities with meaningfulness, content with form, surface and volume with philosophical questions to produce expressive objects within space that elicit exploration and interpretation.

Hannah Rath transfers the linearity and two-dimensionality of writing into three-dimensionality. In *times* (2015) the contrasting scheme of the textual is transformed into surface states, thus evoking a certain look and tactility. Rath's works repeatedly constitute a dichotomous concept of differentiation, which they likewise destroy, thus revealing an exploration of intermediate space. The transformation of poetic fragments into plastic ways of thinking is decisive for Hannah Rath. Writing and language are sculpturally conceived here as fragmented units of meaning and transferred into the space. Rath thus investigates the aspect of perspectivity both spatially and in terms of content, whereby meticulousness and fragility play a particular role.

Her work *division* (2015/16) leans like a large fine frame against the wall. Its seven components interlock. Fragments of a quotation from Robert Musil can be read in white on the black struts. This work is exemplary of Hannah Rath's construction of her works, as the form portrays the quotation: 'The division of one rectangle into four results in an extent multiplied by four while the content remains the same; the division of a printed rectangle, however, results in an area multiplied by four while the extent remains the same.'[1] In *division* content determines form, and form bears content. Relationships between fragment and unity are explored anew.

In precise sculptural installations Rath examines writing and language on wood, metal, paper, glass or concrete and creates ambiguous reflections of content and form. Hannah Rath's way of working should always be understood as multilayered and metaphorical, although always tied to the literal. In an aesthetic all of her own she addresses the human ability to comprehend the world through language and thus to reconstitute it. Presence within space and perception within time are constitutive for Hannah Rath's works, where words become shadows and mirrors in which we can recognise and reflect on ourselves.

if words are shadows
play becomes words

if words are play
shadows become words

Eugen Gomringer

---

1 This quotation is taken from the translated of a laudation by Rober Musil in honour of the writer and theatre critic Alfred Kerr, who was known for his distinctive, often fragmentary style.
"*Robert Musil. Eine Biographie*", Karl Corino, Rowohlt, Reinbek / Hamburg, 2003.

Autoren / Authors

Jens Asthoff

Jens Asthoff *1962, freier Autor, Kritiker und Übersetzer in Hamburg, studierte Philosophie und Literatur in Freiburg und Hamburg. Er ist Mitglied des Internationalen Kunstkritikerverbandes aica und schreibt u. a. in *Artforum*, *Camera Austria*, *frieze d/e*, *Kunstforum* sowie für Kataloge. Redakteur des *Be Magazins*, Künstlerhaus Bethanien, Berlin.
/
Jens Asthoff *1962, freelance writer, critic and translator, lives in Hamburg, studied German languages, literature, and philosophy in Freiburg and Hamburg. He is a member of aica (International Association of Art Critics) and writes a. o. for magazines such as *Artforum*, *Camera Austria*, *frieze d/e*, *Kunstforum*, contributions to catalogues; Editor of *Be magazine*, Künstlerhaus Bethanien, Berlin.

Julia Katharina Thiemann

Julia Katharina Thiemann *1981, Kuratorin und Autorin, studierte Germanistik und Soziologie in Hannover und Kunstgeschichte mit dem Master „Kuratorische Studien und Kunstkritik" in Frankfurt am Main. Kuratorisch arbeitete sie u. a. in der Weserburg, Museum für moderne Kunst in Bremen, als Kuratorenstipendiatin im Künstlerhaus Schloss Balmoral sowie in freien Projekten und Ausstellungen. Momentan ist sie im Badischen Kunstverein in Karlsruhe beschäftigt.
/
Julia Katharina Thieman *1981, curator and author, studied German literature and sociology in Hanover and history of art in the master's programme "Curatorial Studies – Theory, History, Critique" in Frankfurt (Main). Among others, she worked at Weserburg Museum für moderne Kunst in Bremen, as curatorial resident at Künstlerhaus Schloss Balmoral and in freelance curatorial projects and exhibitions. Currently she works at Badischer Kunstverein in Karlsruhe.

Impressum / Imprint

Publikation zur Ausstellung HEN TO PAN, 2016, im Rahmen des
24. Jahresstipendiums in der Wassermühle Trittau 2015/16
/
Publication for the exhibition HEN TO PAN, 2016, during the
24th Wassermühle Trittau Art Fellowship 2015/16

Kuratorische Betreuung / curatorial support: Dr. Katharina Schlüter
Herausgeber / commissioning editor: Sparkassen-Kulturstiftung Stormarn
Grafische Gestaltung / graphic design: Anna Bertermann
Fotografie / photography: Christoph Völzer S. / p. 58–64
alle anderen Fotografien / all other photographs: Rebekka Seubert
Texte / texts: Jens Asthoff, Julia Thiemann
Übersetzung / translation: Michael Turnbull
Korrektorat / proof-reading: Gustav Mechlenburg
Druck und Herstellung / printing and production: St. Pauli Druckerei
Auflage / copies: 500
erschienen im / published by: Textem Verlag, Hamburg 2016, textem-verlag.de

ISBN: 978-3-86485-122-3

Gefördert durch / funded by:

© Hannah Rath, Sparkassen-Kulturstiftung Stormarn und die Autoren /
Hannah Rath, Sparkassen-Kulturstiftung Stormarn and the authors

Besonderer Dank gilt / special thank goes to:
Jens Asthoff, Anna Bertermann, Gertrud und Helmut Bräutigam,
Lisa Deringer, Alexander Droste, Hanne Frank, Claire Gauthier,
Lola Göller, Gustav Mechlenburg, Matthias Meyer, Kai Niemann,
Max Rath, Ursula Rath, Rebekka Seubert, Dr. Katharina Schlüter,
Nora Sdun, Julia Katharina Thiemann, Michael Turnbull, Wolfgang Urban
und der Sparkassen-Kulturstiftung Stormarn.